MW01256215

Era una chica nueva

Jennifer Degenhardt

edited by José Salazar

front cover art by
Carolyn Nakawungu '24

back cover art by
Teresa Whitfield '25

All rights reserved. No part of this publication may be reproduced, stored in a retrieval system, or transmitted in any form or by any means - electronic, mechanical, photocopying, recording or otherwise – without prior written permission of the authors, except for brief passages quoted by a reviewer in a newspaper, magazine or blog. To perform any of the above is an infringement of copyright law.

Copyright © 2022 Jennifer Degenhardt (Puentes)
All rights reserved.
ISBN-13: 978-1-956594-05-8

To everyone who is new, may you find connections.

ÍNDICE

AGRADECIMIENTOS

There comes a point in writing when you just can't see what's going on in the text because, well, you can't stand to look at it again. For this reason I am grateful to many folks. This time I thank José Salazar for the willingness to read the story again, the extra set of ideas and the expertise with the language. *¡Muchas gracias, José!*

A tremendous thanks, too, to Amber Oakley, a Spanish teacher at the Walnut Hill School for the Arts in Massachusetts who connected with me after finding the original story of *La chica nueva*. As an activity in her class, she requested that the students create alternative covers for the book that they had read, so when I asked her if she thought her students would like to be considered for the artwork for this version of the story, she was as delighted as I was! Throughout the book you will see images that students created, with the best submissions having been chosen for the covers, front and back. So many thanks to Carolyn Nakawungu and Teresa Whitfield for their beautiful art. Please read more about them at the back of this book. It is always a pleasure to work with teachers and their students, and this time was no exception.

Capítulo 1
Cooper

Me llamo Cooper y tengo 25 años. Soy de Douglaston, Connecticut. Soy alto, pero no muy alto, delgado, y atlético también. Todavía me gusta el fútbol y el hockey. Yo jugaba estos deportes cuando estaba en la escuela secundaria.

También me gustaba la música rock y la música pop. No me gustaba la música clásica. Pero me gustaba comer mucho. Me gustaba la comida italiana y la comida china. No me gustaba la comida japonesa. Mi restaurante favorito de comida italiana era Rizzuto's y mi restaurante favorito de comida china era Chang's.

Yo vivía con mi familia en Douglaston. En mi familia había cinco personas: mi padre, mi madre, mi hermana, mi hermano y yo. Mi padre se llamaba Chip y él tenía cuarenta y siete (47) años. Mi madre se llamaba Mitzi y tenía cuarenta y cinco (45) años. Mi hermana se llamaba Caitlin y ella tenía catorce (14) años. Mi hermano se llamaba Sam y él tenía once (11) años. Mi familia vivía en una casa muy grande en 7 Settler's Trail. La casa era blanca. Mi familia tenía tres carros. Mi padre tenía un carro, mi madre tenía un carro y yo también tenía un carro.

En ese entonces yo era estudiante de la escuela Douglaston High School. Mi hermana era estudiante allí también. Mi hermano era estudiante de Madison Middle School. Mi papá trabajaba en un banco en la ciudad de Nueva York. Mi mamá no trabajaba, pero era voluntaria en muchas actividades.

Capítulo 2
Taruka

Me llamo Taruka[1] y tengo veinticuatro (24) años. Soy de Bolivia, pero hace diez años me mudé a vivir en Douglaston. Yo era una chica nueva en Douglaston. Era muy baja. No era gorda pero no era delgada. Me gustaba mucho el fútbol. Mi equipo favorito era el equipo nacional de Bolivia. Me gustaba, no... ¡me encantaba la comida! La comida favorita de mi familia era la comida boliviana. ¡Claro! Me gustaba la sopa con fideos. También me gustaba el pollo, pero me encantaba una comida boliviana que se llama salteñas[2].

---

[1] Taruka means "doe" in Quechua.

[2] salteñas - a Bolivian baked empanada filled with pork, beef, chicken in a sweet and spicy sauce, and at times, peas and potatoes.

Vivía con mi familia en un apartamento en Douglaston. En mi familia había seis personas. Yo vivía con mi padre, mi madre y mis hermanos. Mi padre se llamaba Pedro y mi madre se llamaba Ángela. Mi hermano se llamaba Oto. Su nombre real era Otoronco[3].

---

[3] Otoronco means "mountain bear" in Quechua.

Era un nombre Quechua [4] similar a mi nombre. Una de mis hermanas se llamaba Inti[5] y mi otra hermana se llamaba Wayna[6]. Oto tenía diecinueve (19) años y él estudiaba en la universidad local. La universidad se llamaba UCONN Strasberg. Oto también trabajaba. Inti tenía doce (12) años y Wayna tenía ocho (8) años. Inti estudiaba en la escuela Madison Middle School y Wayna era estudiante de la escuela Pierson Elementary.

Mi padre trabajaba para una compañía de construcción que se llamaba ME Construcción. Era una compañía en Westchester, Nueva York. Mi madre limpiaba las casas de las familias en Westmoreland. Ella trabajaba para una compañía privada pequeña. Mi familia vivía en Douglaston porque las escuelas eran muy buenas.

---

[4] Quechua - a group of indigenous peoples in the Central Andes and their languages.

[5] Inti means "sunshine" in Quechua.

[6] Wayna means "young" in Quechua.

Capítulo 3
Cooper

El primer día de escuela fue hace dos semanas. Necesitaba materiales escolares. Ese año yo tuve muchas clases nuevas: matemáticas AP, ciencias AP, historia de los Estados Unidos, literatura y español 5. No tenía clase de arte porque no me gustaba el arte. Me gustaba la música, pero no tenía clase de música tampoco.

Necesitaba ir a Staples para comprar materiales escolares y fui en mi carro. Yo necesitaba cuadernos, papel, lápices, bolígrafos y una calculadora nueva. Fui a Staples en mi Jeep y escuché una canción en la radio. La canción se llamaba *Stand By Me*.

Capítulo 4
Taruka

Era una mañana de verano y hacía buen día.

—Mami, voy a trabajar en Greasy Spoon. Chao.

—Chao hija.

Tomé el bus a mi trabajo. Era mesera en Greasy Spoon. Trabajaba con otros hispanos. Uno se llamaba Raúl y él era de Honduras. Su hermano Rafael trabajaba allí también. Una mujer se llamaba Trinidad y ella era mexicana. Me gustaba hablar español con ellos.

Después de mi trabajo tomé el autobús a Staples porque no tenía carro. Necesitaba comprar unas cosas para la escuela. En el bus, escuchaba música en mi iPhone. Escuchaba una canción nueva de un cantante nuevo, Prince Royce. Prince Royce era del Bronx, era de origen dominicano, y cantaba la canción *Stand By Me* en inglés y español.

Ese año asistía a una escuela nueva, Douglaston High School. Iba a tomar unas clases nuevas: biología, geometría, ciencias sociales, inglés, español y coro. Y claro, tenía clase de educación física, también. Pero no tomé la clase de informática porque no me gustaba mucho la tecnología. En Staples compré los materiales escolares que necesitaba para las clases. Yo tenía lápices, pero necesitaba unos cuadernos, unas carpetas y una calculadora nueva.

Estaba en Staples y ya tenía las carpetas y la calculadora; después busqué los cuadernos. De repente, vi a un muchacho guapo. Él era delgado y alto con pelo rubio y ojos azules. Llevaba una camiseta de *Douglaston Soccer*. Qué interesante. ¿Era estudiante de Douglaston High School?

Capítulo 5
Cooper

Anonymous '24

¡Ay, ay, ay! ¿Dónde estaban los cuadernos? Tenía la calculadora especial que necesitaba para la clase de matemáticas con el profesor

Coppock. La clase de matemáticas AP era muy difícil, pero interesante. El profesor Coppock era muy bueno. Él era simpático también. También tenía papel, y lápices que yo necesitaba. Pero no vi los cuadernos. Yo vi los marcadores y las gomas de borrar, pero no vi los cuadernos. En ese momento yo vi a una muchacha muy bonita. Ella era baja y tenía pelo largo, negro y liso. También tenía ojos enormes de color café. Tenía una camisa verde con las palabras *Greasy Spoon*. Tenía en las manos unas carpetas nuevas, los lápices y los cuadernos.

—Hola —le dije.
—Hola —contestó ella.
—Yo necesito cuadernos para la escuela también. ¿Dónde están?

Con una sonrisa grande, ella respondió.

—Están en el pasillo 4 (cuatro).

—Excelente. Gracias —le dije.

La muchacha no hablaba mucho, pero era muy simpática. Y era muy bonita. ¿Estudiaba ella en Douglaston High School?

Capítulo 6
Cooper

Estaba en el carro para ir a casa. El próximo día era el primer día de práctica de fútbol. Yo tenía unas camisas nuevas, pantalones cortos nuevos, medias nuevas y zapatos tenis nuevos.

—Hola mamá. Aquí tienes tu tarjeta de crédito. Ya tengo los materiales escolares. ¿Qué hay para la cena?

—Tu padre no llega a casa hasta las nueve. Tu hermano está en la casa de su amigo, tu hermana está en la clase de *ballet*, y yo tengo una cena con mis amigas. Aquí tienes veinte dólares para ir a la pizzería.

—Está bien. ¿Dónde está mi mochila para el fútbol? Tengo práctica mañana.

—Tu mochila está aquí. Tienes todo para la práctica.

—Bien. Gracias.

Con mi iPhone yo mandé un texto a mi amigo, Kyle:

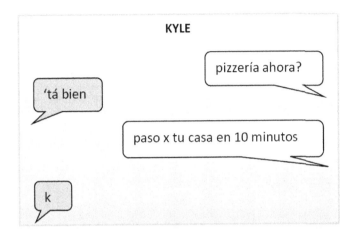

En el camino a la casa de Kyle escuché la radio en mi carro. En la radio escuché la canción de Prince Royce, "*Stand By Me*". Me gustaba esta canción. Y la letra era excelente. Era la canción de la película "*Stand By Me*" pero las palabras estaban en inglés y español.

Kyle entró en el carro.

—Hola —me dijo.

—Hola —le dije—. Mi familia no está en casa para la cena.

—Mis padres no están en casa tampoco. Es algo normal.

—Sí. Pero no me gusta. Me gusta cenar con mi familia.

—Sí —respondió Kyle—. Hay práctica mañana. ¿Estás listo?

—Sí. Y en dos semanas empiezan las clases en la escuela. ¡Increíble!

—Pero es el último año de la escuela. ¡Excelente!

—Verdad. ¿Helado después de la pizza?

—Buena idea.

Capítulo 7
Taruka

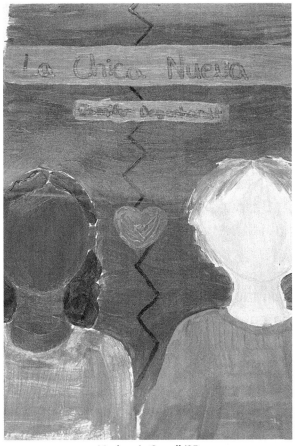

Mackenzie Carroll '25

Ya con los materiales escolares nuevos tomé el autobús al apartamento nuevo en Douglaston. Yo me pregunté: ¿Quién era ese muchacho? Era muy guapo con el pelo rubio y los ojos azules. ¿Estudiaba en Douglaston High School? ¿Practicaba el fútbol? ¿Iba a ver al muchacho en el futuro?

Al llegar al apartamento saludé a mi mamá y a mis hermanitas. Necesitaba organizar mi ropa para el fútbol el próximo día porque era el primer día de práctica. En mi mochila yo tenía la camisa, los pantalones cortos, las medias, los zapatos de tenis y la botella de agua. Después de la práctica yo iba a trabajar y también tenía mi uniforme de trabajo en la mochila.

—Taruuuuuuuu —gritó mi mamá— necesito tu ayuda en la cocina.

—Ya voy.
Fui a la cocina y ayudé a mi mamá con la cena. Yo preparé una ensalada y ella cocinó el arroz y el pollo. En ese momento mi papá llegó a casa «¡Hola familia!». En unos minutos nos sentamos a la mesa para cenar.

Capítulo 8
Taruka

Tomé mi mochila y caminé a la escuela, que estaba a sólo unas cuadras del apartamento. Cuando llegué, hablé con la entrenadora White. Yo le expliqué que era nueva en Douglaston High School, pero jugaba muy bien al fútbol.

—Hola —me dijo—. ¿Cómo te llamas?

—Yo soy Taruka Fuentes —respondí.

—Bienvenida a Douglaston. Bueno, ahora a correr con las otras chicas del equipo.

—Está bien. Gracias.

Caminé donde estaba el grupo y nosotras corrimos por la pista. En el campo vi a una persona… ¿familiar? Era alto y guapo, y tenía pelo rubio. Oh, era el muchacho de la papelería. Tenía que ser estudiante aquí.

*****

Cooper

Eran las diez de la mañana. Jugamos por dos horas y todos estábamos cansados.

Kyle me dijo.

—Mira, la chica nueva. Ella corre muy rápido.

—Sí. Es muy atlética. Y muy bonita también.

—¿Qué actividades tienes esta tarde? —me preguntó Kyle.

—Primero voy a hacer ejercicio con un entrenador privado. Y después, voy a jugar al básquetbol en Greenwidge Club. ¿Quieres jugar?

—Sí. Está bien. Necesitas textearme.

—OK.

*****

Taruka

Tuve una práctica de fútbol muy buena. Driblé muy bien con la pelota y la Sra. White dijo «¡Excelente, Taruka!»

Después de la práctica yo hablé con una de las chicas. Ella se llamaba Emily. Emily tenía pelo largo, castaño y rizado.

—¿Te llamas Taruka? —me preguntó.

—Sí —le dije.

—Hola. Me llamo Emily. Y ésta es mi amiga Caroline.

Caroline era muy diferente a Emily. Ella era alta, muy delgada y tenía el pelo rubio, liso y muy largo.

—Hola Caroline.

—Hola Taruka. Tu nombre es muy interesante. Me gusta.

—Gracias. Es un nombre quechua. Mis padres son de Bolivia. Yo soy boliviana también —le expliqué.

—¿Sí? ¡Qué bien! ¿Tienes hermanos? —me preguntó Caroline.

—Tres. Un hermano mayor y dos hermanas menores.

—Mi familia tiene cuatro hijos también —dijo Caroline.

—Mis hermanos son gemelos y tienen quince (15) años, y mi hermana menor tiene ocho (8) años.

—¿Habla español tu familia? —preguntó Emily.

—Sí —respondí. —Hablamos español en casa, pero con mis hermanos hablamos inglés también.

—Excelente —dijeron Emily y Caroline.
—Bueno, chicas. Necesito irme. Tengo que trabajar.

—¿Trabajas? ¿Dónde?

—Trabajo en el Greasy Spoon. Soy mesera.

—Ok. Chao.

—Hasta mañana en la práctica.

Capítulo 9
Cooper

Era el primer día de escuela. Yo asistí a todas mis clases nuevas y vi a mis amigos. En la cafetería durante el almuerzo nosotros hablábamos del verano y los deportes. Y claro, hablábamos de las chicas. Kyle no estaba y yo le escribí un texto:

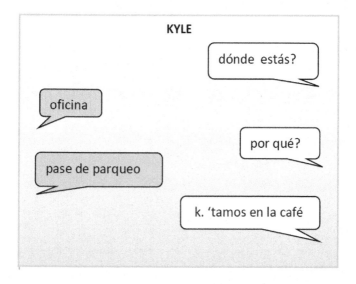

Yo hablaba con Matt, Ryan y Max. Ellos eran mis amigos desde el tercer grado. Kyle practicaba el fútbol conmigo, y Matt jugaba al fútbol americano. Ryan competía en lucha libre durante el invierno y Max... Max no practicaba deportes. Max era el amigo muy inteligente. Era la persona intelectual del grupo.

—¿Qué clases tienes este año, Max?

—Tengo matemáticas AP con el Sr. Coppock, biología AP con el Sr. T., historia de los Estados Unidos con el Sr. Cabrera, literatura AP con la Srta. Ginn y español 5 con la profesora loca, Profe.

—Oooh. Tú tienes muchas clases difíciles. Lo siento.

—Las clases son fáciles para mí. Yo soy muy inteligente.

—Es la verdad. ¡Pero tú no eres muy inteligente con las chicas! —le dije.

—Ja! ¡Ja! —se rió Max.

En el otro lado de la cafetería yo vi a la chica nueva.

—Quiero hablar con la chica nueva. Max, mira y aprende. ¡Ja! ¡Ja!

Taruka

Estaba en la cafetería con mis amigas nuevas, Emily y Caroline. Nuestro equipo de fútbol era muy bueno. Nosotras queríamos participar en el campeonato del estado.

De repente, vi a un chico. Era el chico de Staples, el chico que jugaba al fútbol para la escuela de Douglaston.

—Hola —me dijo—. Yo soy Cooper.

Yo miré sus ojos azules y respondí.

—Hola. Me llamo Taruka.

—Mucho gusto.

—Igualmente.

—¿Eres nueva en la escuela?

—Sí.

—Yo te vi en Staples y te vi con el equipo de fútbol.

—Ah sí. ¡En Staples!

Emily y Caroline estaban muy felices durante la conversación.

—Me gusta tu nombre. Es muy interesante —dijo Cooper.

—Gracias. Es un nombre quechua.

—¿Qué es Quechua? —preguntó Cooper.

—Quechua es un grupo de personas indígenas de origen inca en Bolivia y Perú. También es una lengua. Para muchos indígenas en Bolivia es su primera lengua.

—¡Fantástico! ¿Cuál es tu apellido?

—Yo tengo dos apellidos. Fuentes y Jiménez. Fuentes es el apellido de mi padre y Jiménez es el apellido de mi madre.

—¿Por qué tienes dos apellidos?

—Es una costumbre de la cultura hispana de tener dos apellidos. ¿Cuál es tu nombre completo?

—Me llamo David Cooper Benenson, como mi padre. Pero todos me llaman Cooper o Coop.

—Ohhh, como mi nombre... Mi nombre es Taruka, pero mis amigos me llaman Taru.

—¿Tienes Snapchat, Taru?

—Claro. Es con mi nombre, Taruka Fuentes.

—¿Está bien si te escribo un mensaje?

—Sí. Me gustaría.

—Pues, ahora tengo que ir a clase.
—Yo también. Encantada de hablar contigo.

—Yo también. Chao Taruka.

—Chao Cooper.

En ese momento Caroline y Emily tenían mucho que decir.

—¡Qué emocionante, Taruka! Cooper Benenson es el chico más popular y más guapo en la escuela ¡Nosotras estamos celosas! ¡Ja! ¡Ja!

*****

Cooper

—¡Cooooooooooop! —me dijo Kyle—. ¿Con quién hablabas tú?

—Ella se llama Taruka. Es nueva en la escuela. Es muy simpática. Y tiene ojos bonitos.

—Ay, ay, ay, Coop. Todos los años es una chica nueva para ti.

—No, Kyle. Este año es diferente.

—Tú dices eso cada año. Vamos a clase.

Capítulo 10
Cooper

Ava Tselios '24

Le escribí a Taruka por Snapchat.

Coop Benenson

Hola Taruka. Mucho gusto hablar contigo hoy. ¿Te gusta Douglaston?

Taruka FJ

¡Hola! Sí, me gusta. ¿Hay muchas actividades para hacer aquí?

Coop Benenson

Claro. En la primavera y el otoño, mis amigos y yo vamos a nadar a Chelsea Port, en Strasberg. En el verano, nadamos en la Playa Planta. También, pasamos mucho tiempo practicando deportes.

Taruka FJ

Es evidente. Muchas personas practican deportes en Douglaston, ¿no?

Coop Benenson

Muuuuuuuchas.

Taruka FJ

¿Qué hacen ustedes durante el invierno?

Coop Benenson

Pues, yo juego al hockey con Kyle, Matt y Ryan.

Taruka FJ

¡Qué bien!

Taruka FJ

Lo siento, pero necesito sacar la basura y cuidar a mi hermanita. Hablamos en la escuela.

Coop Benenson

Está bien. Chao.

Taruka FJ

Chao. Hasta luego.

Capítulo 11
Cooper

Al día siguiente había un baile en La Station. Todos mis amigos iban a ir: Ryan, Max, Kyle y Matt. Yo iba a ir también, pero quería ir con Taruka. Yo la invité por texto.

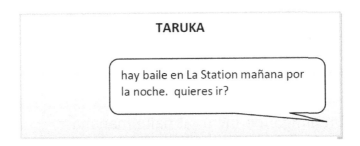

TARUKA

hay baile en La Station mañana por la noche. quieres ir?

*****

Taruka

Estaba en la clase de matemáticas con el Señor Coppock. Él era uno de mis profesores favoritos. Era muy cómico y simpático. Recibí un texto en mi teléfono. Era de Cooper. Él quería invitarme al baile de mañana en La Station.

Yo contestaba al texto cuando Sr. Coppock me habló:

—Taruka, ¿qué haces?

—Uh ¿escribo un texto?

—¿En la clase de matemáticas?

—Sí señor. Es muy importante —le dije emocionada.

—¿Por qué es importante? —preguntó el Sr. Coppock.

—Un amigo me invitó al baile mañana.

—Está bien —dijo el Sr. Coppock con una sonrisa.

Y con una sonrisa mandé un texto a Cooper:

—Ya, ya, Taruka. Está bien —dijo el Señor Coppock.

No tuve tiempo para terminar la conversación. Me imaginaba una noche fantástica...

*****

Cooper

¿Por qué no me respondió Taruka? ¿Quería ir a la pizzería conmigo? Pero en ese momento, el teléfono indicó otro texto:

TARUKA

hay baile en La Station mañana por la noche. quieres ir?

a qué hora?

las 8

sí. me gustaría.

paso x tu casa a las 7:30. pizza primero?

sí, me gustaría ir y pizza es buena idea.

Capítulo 12
Cooper

Fue el viernes por la noche. Llevaba unos pantalones *khakis* y una camisa nueva de Vineyard Vines. A mí me gustaba la camisa, el color especialmente. La camisa era morada.

Antes de salir de mi casa mandé un texto a Taru:

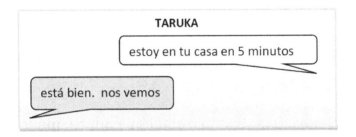

Fui al apartamento de Taruka, toqué la puerta y me presenté a su madre.

—Hola, Sra. Fuentes. Me llamo Cooper. Voy a salir con Taruka esta noche.

—Encantada, Cooper. Un momento —dijo la mamá.

—¡Taruuuuuuuuuuuuuuuuu!

—Ya voy, mami.

Taruka llegó a la puerta y habló con su mamá un momento.

—Chao mami.

—Taru, necesitas estar en casa a las 11:00.

—Ok. Gracias mami.

Taruka le dio un beso a su mamá, y ella y yo caminamos a mi carro.

—Tienes una buena relación con tu madre ¿no?

—Sí, ella es muy buena.

*****

Taruka

Después de comer en la pizzería, Cooper y yo fuimos a La Station. Había muchas personas allí. Unos muchachos y muchachas bailaban y otros hablaban con amigos. Cooper y yo entramos en el salón grande para encontrar a nuestros amigos. Kyle, Max y Ryan estaban con Emily y Caroline. Nosotros hablamos del baile y la música.

—¿Cómo está la música? —pregunté a las chicas.

—Es muy buena esta noche. El DJ es Matt.

—Excelente —dijo Cooper—. Voy a hablar con él.

Cooper fue a hablar con Matt. En unos minutos Matt puso una canción nueva de Alicia Keys y Alejandro Sanz, *Looking for Paradise*. Cooper tomó mi mano y me invitó a bailar. ¡Qué buena noche!

Capítulo 13
Cooper

Esa noche Kyle, Max, Ryan, Matt y yo mirábamos un partido de fútbol profesional. Era un partido de clasificación para la Copa Mundial en Río de Janeiro en 2014. Estábamos en la casa de Kyle cuando Kyle mencionó la cena especial para el equipo de hockey. Kyle, Matt y yo jugábamos en el equipo.

—Necesitamos robar el letrero de hockey para el regalo de Coach G.

—Ah, sí —dijo Matt—. Vamos después del partido.

*****

Taruka

Todos los chicos fueron a la casa de Kyle esta noche para mirar un partido de fútbol. Emily, Caroline y yo no quisimos ir, entonces fuimos de compras al centro comercial. Yo tenía dinero de mi trabajo y quería comprar un vestido nuevo para llevar a la escuela.

Emily y Caroline tenían las tarjetas de crédito de sus madres. Ellas compraron mucho más que yo, pero no me importó.

En el centro comercial, primero fuimos a la tienda GAP. Vimos pantalones de muchos colores: rojo, amarillo, verde, rosado y celeste y de todas las tallas: pequeña, mediana y grande. También había camisas anaranjadas, amarillas, blancas y negras. Caroline miró los cinturones y tomó dos, uno negro y uno café.

—¿Cuánto es? —preguntó Emily.

—Cincuenta (50) dólares.

—Buen precio —dijo Caroline.

¿Buen precio? ¿Por un cinturón? Era muy caro para mí. Pero no dije nada. Fui a la sección de vestidos. Vi un vestido blanco y azul que me gustó. La etiqueta indicaba que tenía un precio nuevo, $23.95. Era buen precio por un vestido.

Las chicas y yo pagamos y luego fuimos a Abercrombie & Fitch. Abercrombie estaba al lado del GAP. La música estaba muy alta y salimos. Decidimos ir a H & M. A mí me gustaba H & M porque la ropa tenía muchos colores y los precios eran buenos. Entramos en la tienda. Miré una falda bonita pero no me gustó el color.

—Tengo hambre —dijo Emily.

—Yo también —dijo Caroline.

—Y yo necesito tomar agua. Vamos al Food Court —dijo Emily.

Las chicas y yo caminamos al otro lado del centro comercial porque el Food Court estaba lejos de H & M.

Capítulo 14
Taruka

Tate Cinti '25

Cooper y yo ya éramos amigos. Pasábamos mucho tiempo juntos en la escuela y durante los fines de semana. No me sorprendí cuando recibí un mensaje de él por Snapchat un viernes:

Coop Benenson

Hola Taru. ¿Qué haces el sábado?

Yo le escribí un mensaje:

Taruka FJ

Hola Cooper. Necesito ir a Nueva York para visitar a mi tía. ¿Quieres ir conmigo?

Mi tía era la hermana menor de mi padre. Ella se llamaba Ana y ella era mi tía favorita. Ella tenía 35 años y vivía en East Harlem con su esposo, José. Él era dominicanoamericano. Ellos tenían dos hijos, Sofía y Matías, que eran mis primos. Sofía tenía 6 años y Matías tenía 4 años. ¡Ellos tenían mucha energía!
El mensaje llegó a mi teléfono:

Coop Benenson

Me gustaría ir contigo.

East Harlem era un barrio diverso de inmigrantes. Había personas puertorriqueñas, dominicanas, afroamericanas, italianas y personas judías también. Era un área multicultural.

Capítulo 15
Cooper

El día del viaje a East Harlem Taruka y yo tomamos el tren Metro North de la estación de Douglaston. Compramos los billetes y esperamos el tren en el andén.

En unos minutos el tren llegó y nosotros subimos. Hablamos los cuarenta y cinco (45) minutos que tardó en llegar a Nueva York.

—¿Qué vamos a hacer en Nueva York, Taru?

—Cooper, tengo un gran plan para nuestro día. Primero vamos a caminar al Museo del Barrio para ver todo el arte de los artistas famosos hispanos. El museo está abierto los miércoles, los jueves, los viernes y los sábados. Pero está cerrado los domingos, los lunes y los martes. Después vamos a mirar los murales de otros artistas. Los murales están en los edificios que están en el barrio.

—¡Qué interesante! —dijo Cooper.

Taruka y yo escuchamos el anuncio «Harlem 125th Street» y bajamos. Caminamos al museo y vimos muchos murales. Eran de muchos colores. Me gustaron mucho. Muchos eran imágenes de la vida típica del barrio, pero había otros murales también. Fuimos al museo y después caminamos al apartamento de los tíos de Taruka. Mientras caminábamos, Taruka me explicó los murales.

Necesitamos llevar un regalo para dar a sus tíos, entonces entramos en una bodega. Había de todo en la bodega: fruta, vegetales, leche y flores. Compramos flores para su tía y unos dulces para los niños.

En el apartamento de Ana y José hablamos mucho y los niños dibujaron con marcadores. Comimos las salteñas que preparó Ana. Las salteñas eran muy ricas.

En el tren a la casa, Taruka y yo descansamos. Pasamos un día excelente en Spanish Harlem, un área de Nueva York totalmente nueva para mí.

Capítulo 16
Taruka

Era la semana de vacaciones de febrero. Tenía que trabajar tres días por semana. El viernes por la mañana estaba en el trabajo cuando vi a Cooper y a su familia entrar en el Greasy Spoon.

—Hola Cooper.

—Hola Taru. Te presento a mi familia. Ella es mi madre, Mitzi. Él es mi padre Chip y mis hermanos son Caitlin y Sam.

—¡Hola! ¡Mucho gusto!

—Hola. ¿Podemos ver los menús? —dijo el papá de Cooper.

—Ah, sí... un minuto.

Estaba sorprendida. Los padres de Cooper no me hablaron. No me miraron. Era un problema y estaba triste.

La familia Benenson comió el desayuno y salió. Cooper se despidió. —Chao, Taru. Te texteo después.

—Chao Cooper.

*****

Cooper

Después de ir al Greasy Spoon, mi madre y mi padre hablaron conmigo.

—Tu amiga es muy morena —dijo mi mamá.

—Sí, Coop. No necesitas problemas.

—¿Problemas? ¿Problemas? Taruka es mi novia y no es un problema.

—Cooper, tú no eres de la clase social de ella. Tú necesitas salir con otra clase de chica.

—¡No! Me gusta Taruka. ¡Es mi novia!

Después de esto, tuve muchos problemas con mis padres. E iba a tener muchos más. Fue horrible.

Capítulo 17
Taruka

Douglaston

martes, el 22 de febrero

Robo de un letrero

Unos estudiantes del colegio de Doulgaston Ren...

—Taruuuuuuuu, gritó mi mamá.

—¡Ya voy!

Yo entré en la cocina donde estaba mi mamá.

—Taruka Fuentes Jiménez, los chicos aquí en el periódico, ¿son tus amigos?

—¿Qué? —le dije a mi mamá.

Yo leí el artículo que explicaba que Kyle, Matt, Max y Cooper robaron el letrero del equipo de hockey.

—Mami, no es verdad. Hay una explicación.

—Taruka, no vinimos a los Estados Unidos para tener problemas. Estamos aquí para tener una vida mejor.

—Yo sé, Mami. Cooper y sus amigos no son chicos malos. Son buenos.

—Taru, no puedes verlo más.

—¡Pero es mi novio! ¡Es mi noooooooovio!

Por la noche le escribí un texto a Cooper.

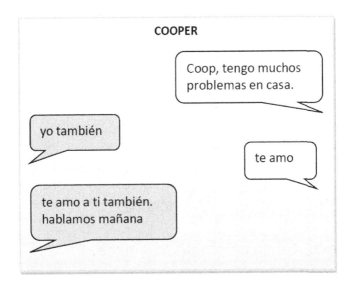

Capítulo 18
Cooper

Taruka y yo necesitamos hablar. Teníamos problemas con nuestros padres.

Hablé con Taruka en el patio de la escuela.

—Taru, yo quiero ser tu novio, pero tengo problemas con mis padres.

—Yo también, Cooper. Mi madre dice que tú no eres un buen chico.

—La situación es horrible. ¿Qué hacemos?

—No tengo ni idea.

*****

Taruka

Después de hablar con Cooper fui al salón de clase de mi profesora favorita. Ella era mi profesora de español 4 honores.

—Seño, tengo un problema grande.

—¿Qué pasa, Taru?

—Cooper es mi novio, pero mi mamá dice que no es un buen chico por el problema del letrero. Y sus padres no me aceptan porque soy boliviana.

Seño Allen comprendía bien. Su esposo era guatemalteco. Ella me dijo.

—Taru, necesitas hablar con tus padres. Ellos necesitan comprender la situación. Cooper es una buena persona. Y tú eres una buena persona también.

—Gracias Seño.

Cuando estaba en su clase escuché una canción. A Seño le encantaba la música y siempre ponía música en su clase. Era una canción nueva de Jason Mraz y Ximena Sariñana que se llamaba *Suerte*.

*****

Cooper

Kyle y yo estábamos en la cafetería. Tuvimos un descanso; no tuvimos clase. Hablé con Kyle sobre los problemas con Taruka. Kyle escuchó, pero no dijo mucho. Él me enseñó una canción nueva que tenía la letra en inglés y español. Se llamaba *Suerte*. Suerte es lo que necesitaba en ese momento.

Me gustaba la canción. Era una canción perfecta para Taruka y yo... Me dio una idea. Iba a hablar con mis padres en la noche.

*****

En mi casa después de la cena yo hablé con mis padres sobre los comentarios que ellos hicieron de Taruka.

—Mamá. Papá. Quiero hablar con ustedes sobre Taruka. Ella es mi amiga, pero es obvio que ustedes tienen problemas con ella. ¿Por qué?

Mi padre habló primero:

—Coop. Tu madre y yo estamos preocupados por ti. Las personas en este pueblo hablan mucho.

—Sí —dijo mi mamá—. Al pueblo no le gustan las personas diferentes.

—Pero, Mamá, Papá, Taruka es una persona. Sí, es diferente, pero es una buena persona. Y, en mi opinión, es necesario ser simpático con TODAS las personas.

Mi padre me miró y habló otra vez:

—Cooper. Eres un buen muchacho y muy buena persona. Estamos orgullosos de ti. Tú tienes razón. Las personas son personas primero. No importan las diferencias.

Mi mamá dijo —Sí Cooper. Eres bueno chico. Gracias por enseñarme a ver las cosas de diferente manera. ¿Tienes planes para el *prom*? Necesitas invitar a Taruka. Y tu padre y yo podemos tener una fiesta para todos los padres de tus amigos esa noche.

—Oh, mamá y papá, Gracias. ¡Ustedes son excelentes!

Capítulo 19
Cooper

Jane Baker '25

Fue un día frío de abril. Normalmente en abril hacía fresco y hacía viento. Pero ese día hacía frío y nevaba. Era muy raro.

Normalmente nevaba en diciembre, enero, febrero y marzo. No nevaba en abril. Era un día gris. No hablé con Taruka por unos días. Pero quería hablar con ella. Quería invitar a Taruka al *prom*. Tuve una idea. Le escribí un texto a Kyle. Él tenía que ayudarme.

Fui al campo de fútbol americano. Caminé en la nieve y escribí con letras enormes «¿PROM?»

Taruka estaba en su clase de arte. Kyle entró en la clase para hablar con ella.

*****

Taruka

Fue un día horrible. No hacía sol y no hacía calor. Nevaba. Estaba en mi clase de arte. No hablé con Cooper por mucho tiempo. Ese día estuve muy triste.
De repente, Kyle entró en la clase y me llevó a la ventana. Kyle me dijo:

—Mira.

En la nieve en medio del campo, vi la palabra, «¿*PROM*?», y también vi a Cooper. Tenía unas flores en la mano. Inmediatamente, le escribí un texto.

—¡Sí!

Capítulo 20
Taruka

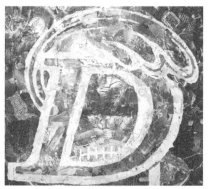

Era el fin de mayo, el día del *prom*. Ya no tenía problemas con mis padres. Ellos leyeron el periódico y supieron que los chicos robaron el letrero como regalo para su entrenador. Mis padres y yo fuimos a la casa de Cooper

para sacar unas fotos antes de ir en bus al
prom.

Y mientras comíamos y bailábamos en el
prom, todos los padres tenían una cena en la
casa de los Benenson. Mi mamá preparó las
salteñas para la cena.

Tomamos muchas fotos en la casa de Cooper.
Después todos mis amigos y yo fuimos en bus
al Hotel W en Greenwidge.

*****

Pasamos una noche excelente. Comimos un
poco y bailamos mucho. Al final de la noche,
el *deejay* anunció:

—Esta canción es para Cooper y Taruka. Es
una canción muy especial.
Puso la canción «Ella y él» por Ricardo
Arjona, un cantante muy popular de
Guatemala.

Cooper y yo bailamos toda la noche.

La vida era buena. Muy buena.

GLOSARIO

A

Abercrombie & Fitch - clothing store

abierto - open

abril - April

aceptan - they accept

actividades - activities

afro-americanas - African Americans

agua - water

ahora - now

al - to the

algo - something

allí - there

almuerzo - lunch

alto(a) - tall

amarilla/o(s) - yellow

americano(as) - American

amiga/o(s) - friend(s)

anaranjadas - orange

andén - (train) platform

año(s) - year(s)

antes - before

anunció - s/he announced

anuncio - announcement

apartamento - apartment

apellido(s) - last name(s)

aprende - s/he learns

aquí - here

área - area

arroz - rice

arte - art

artículo - article

artistas - artists

asistí - I attended

asistía - I, s/he attended

asistir - to attend

atlético(a) - athletic

autobús - bus

¡ay, ay, ay! - wow!, oh my!

ayuda - help

ayudarme - help me

ayudé - I helped

azul(es) - blue

B

bailábamos - we danced

bailaban - they danced
bailamos - we danced
bailar - to dance
baile - s/he dances
baja - short
bajamos - we get off (train)
ballet - ballet
banco - bank
barrio - neighborhood
básquetbol - basketball
basura - garbage
beso - kiss
bien - well
bienvenida - welcome
billetes - tickets
biología - biology
blanco(a)(s) - white
bodega - small store
bolígrafos - pens
Bolivia - country in the central region of South America
boliviana - Bolivian
bonita - pretty
bonitos - pretty
borrar - to erase

botella - bottle
Bronx - one of the 5 boroughs of New York City
buen - good
buena - good
bueno(s) - good
bus - bus
busqué - I looked for

C
cada - each
café(s) - brown
café - shortened form of cafeteria
cafetería - cafeteria
calculadora - calculator
(hace) calor - it's hot
caminamos - we walk
caminábamos - we walked
caminar - to walk
caminé - I walk
camisa(s) - shirt(s)
camiseta - T-shirt
campeonato - championship
campo - athletic field
canción - song

cansados - tired
cantaba - s/he sang
cantante - singer
caro - expensive
carpetas - folders
carro(s) - car(s)
casa(s) - house(s)
castaño - brown
celeste - light blue
celosas - jealous
cena - dinner
cenar - to dine, eat dinner
centro comercial - mall
cerrado - closed
chao - 'bye
chica(s) - girl(s)
chico(s) - boy(s)
china - (adj.) Chinese
ciencias - science
cinco - five
cinturón(es) - belt(s)
ciudad - city
claro - of course
clase(s) - class(es)
clásica - classical
clasificación - classification
club - club
cocina - kitchen
color(es) - color(s)
comíamos - we ate

comió - s/he ate
comimos - we eat
comentarios - comments
comer - to eat
cómico - funny
comida - food
como - like, as
cómo - how
compañía - company
completo - complete
compramos - we bought
compraron - they bought
comprar - to buy
(ir de) compras - to go shopping
comprender - to understand
comprendía - s/he understood
compré - I bought
computadora - computer
con - with
conmigo - with me
Connecticut - a state in the northeast USA
construcción - construction

63

contestó - s/he answers
contesté - I answer
contigo - with you
conversación - conversation
Copa Mundial - World Cup
coro - chorus
corre - s/he runs
corrimos - we ran
correr - to run
cortos - short
cosas - things
costumbre - habit
(tarjeta de) crédito - credit card
cuadernos - notebooks
cuadras - city blocks
cuál - which
cuando - when
cuánto - how much, many
cuatro - four
cuidar - to take care of

D

dio - s/he gives
dar - to give
debía - s/he must, should

decidimos - we decide
decir - to say, tell
deejay - DJ, disc jockey
delgado(a) - slim, thin
deportes - sports
desayuno - breakfast
descansamos - we rested
descanso - rest
desde - since, from
después - after
día(s) - day(s)
dibujaban - they drew
dices - you say
dijeron - they said
dijo - s/he said
diciembre - December
diferencias - differences
diferente(s) - different
difícil(es) - difficult, hard
dinero - money
dólares - dollars
domingos - Sundays
dominicanas - Dominican

dominicano - Dominican

dominicano americano - Dominican American

donde - where

dónde - where?

dos - two

driblé - I dribbled

dulces - sweets, candies

durante - during

E

edificios - building

educación física physical education, P.E.

educarme - to educate me

ejercicio - exercise

él - he

ella - she

ellas - they (feminine)

ellos - they (masculine)

emocionada - excited

emocionante - exciting

empiezan - they begin

en - in, on

encantaba - loved

me encanta - I loved (as in, like A LOT)

encantada - pleasure to meet you

encontrar - to find

energía - energy

enero - January

enormes - huge

ensalada - salad

enseñó - s/he taught

entonces - then

entramos - we enter

entrar - to enter

entré - I entered

entrenador(a) - trainer, coach

entró - s/he entered

equipo - team

era - s/he, it was

eres - you are

es - s/he, it is

esa/e/o - that (**materiales**)

escolares - school supplies

escribo - I write

escucha - s/he listens

escuchamos - we listen
escuché - I listened
escuchó - s/he listened
escuela - school
español - Spanish
especial - special
especialmente - especially
esperamos - we waited
esposo - husband
esta - this
está - is
ésta - this
estación - station
Estados Unidos - United States
estábamos - we were
estaba - I, s/he was
estaban - they were
estamos - we are
están - they are
estar - to be
estás - you are
este - this
estudiaba - s/he studied
estudiante - student
etiqueta - tag
evidente - evident

excelente(s) - excellent
explicó - s/he explains
explicación - explanation
expliqué - I explain

F

fáciles - easy
falda - skirt
familia(s) - family(ies)
familiar - familiar
famosos - famous
fantástico(a) - fantastic
favorito(a)(s) - favorite
febrero - February
felices - happy
fideos - noodles
fiesta - party
fin - end
final - final
fines de semana - weekends
flores - flowers
fotos - photos
(hacía) fresco - it's cool (weather)
(hacía) frío - it's cold
fruta - fruit

fue - s/he, it was, went

fueron - they were, went

fui - I was, went

fuimos - we were, went

fútbol - soccer

futuro - future

G

gemelos - twins

geometría - geometry

gomas - erasers

gorda - fat

gracias - thank you

grado - grade

gran - great

grande - big, large

gris - gray

gritó - s/he yells

grupo - group

guapo - handsome, good looking

Guatemala - country in Central America

guatemalteco - Guatemalan

(me) gusta - is pleasing to me

(te) gusta - it is pleasing to you

(me) gustaba - it was pleasing to me

(le) gustan - they are pleasing to him/her

gustaría - would like

(me) gustaría - I would like

(te) gustaría - you would like

mucho gusto - nice to meet you

H

había - there was/were

habla - s/he speaks

hablábamos - we spoke

hablaban - they spoke

hablamos - we speak, we spoke

hablan - they speak

hablar - to speak

hablaron - they spoke

hablas - you speak

hablo - I speak

habló - s/he spoke

hace - s/he does, makes

hacemos - we do, make

hacen - they do, make

hacer - to do, make

haces - you do, make

hacía - s/he, it did, made

hacía fresco - it was cool

hago - I do, make

(tengo) hambre - I am hungry

Harlem - large neighborhood in northern section of the borough of Manhattan in New York City
East Harlem - a.k.a. Spanish Harlem or El Barrio

hasta - until

hay - there is, there are

helado - ice cream

hermana(s) - sister(s)

hermanita(s) - little sister(s)

hermano - brother

hermano(s) - brother(s), siblings

hicieron - they did, made

hija - daughter

hijos - sons, children

hispanos - Hispanic

historia - history

hockey - hockey

hola - hi, hello

Honduras - country in Central America

honores - honors

horas - hours

horrible - horrible

hotel - hotel

hoy - today

I

idea - idea

igualmente - same here, me too

imágenes - images

me imaginaba - I imagined

importan - they matter

importante - important

inca - Inca, pre Colombian civilization

increíble - incredible

indicaba - s/he, it indicated

indígenas - indigenous

informática - computer class

inglés - English

inmediatamente - immediately

inmigrantes - immigrants

intelectual - intellectual

inteligente - intelligent

interesante - interesting

invierno - winter

invita - s/he invites

invitar - to invite

invitarme - to invite me

invité - I invite

invitó - s/he invited

ir - to go

irme - to go

italiana(s) - Italian

J

ja ja - ha ha

japonesa - Japanese

judías - Jewish

juego - game

jueves - Thursday

juntos - together

K

khakis - khaki colored

L

la - the

(al) lado de - next to

lápices - pencils

largo - long

las - the

le - to,for him/her

leche - milk

leí - I read

lejos - far

lengua - language

letra - lyrics

letras - letters

letrero - sign

leyeron - they read

libre - free

limpiaba - s/he cleaned

liso - straight

listo - ready

literatura - literature

(se) llama - s/he calls her/himself

(se) llamaba - s/he called her/himself

me llaman - they call me

(te) llamas - you call yourself

(me) llamo - I call myself
llega - s/he arrives
llegar - to arrive
llegó - s/he arrived
llevaba - s/he wore
llevar - to wear, to bring
llevó - he took
loca - crazy
local - local
los - the
lucha libre - wrestling
luego - later
lunes - Monday

M

madre(s) - mother(s)
malos - bad
mamá - mom
mami - mommy
mañana - morning, tomorrow
mandé - I sent
mano - hand
marcadores - markers
martes - Tuesday
marzo - March
más - more
matemáticas - math

materiales escolares - school supplies
mayo - May
mayor - older
me - me, to/for me
mediano(a) - medium
medias - socks
medio - middle
mejor - better
mencionó - s/he mentioned
menor(es) - younger
mensaje - message
menús - menús
mesa - table
mesera - waitress, server (f.)
Metro North - train service company in NY metro región
mexicana - Mexican
mi - my
mí - me
miércoles - Wednesday
minuto(s) - minute(s)
mira - s/he looks at, watches

mirábamos - we looked at, watched
mirar - to look at, watch
miraron - they looked at
miré - I looked at, watched
miró - s/he looked at
mis - my
mochila - backpack
momento - moment
morada - purple
morena - dark skinned
mucha(s) - many, a lot
muchacha(s) - young girl(s)
muchacho(s) - young boy(s)
mucho(s) - many, a lot
mujer - woman
multicultural - multicultural
murales - murals
museo - museum
música - music
muy - very

N

nacional - national
nadamos - we swim
necesario - necessary
necesitaba - I, s/he needed
necesitamos - we need/needed
necesitas - you need
necesito - I need
negras - black
negro - black
nieve - snow
nevaba - it snows
niños - children
no - no
noche - night
nombre - name
normal - normal
normalmente - normally
nosotras - we (f.)
nosotros - we (m.)
novia - girlfriend
novio - boyfriend
nuestro(s) - our
nueva(s) - new
nueve - nine
nuevo(s) - new

O

obvio - obvious

ojos - eyes
opinión - opinion
organizar - to organize
orgullosos - proud
origen - origin
otoño - autumn, fall
otra/o(s) - other

P

padre - father
padres - fathers, parents
pagamos - we pay
palabra(s) - word(s)
pantalones - pants
papá - dad
papel - paper
papelería - office supply story
para - for
parte - part
participar - to participate
partido - game
(¿qué) pasa? - what's happening?
pasamos - we spend/spent (time)
pasillo - hallway
patio - patio, courtyard
película - movie

pelo - hair
pelota - ball
pequeño(a) - small
periódico - newspaper
pero - but
persona - person
personas - people
Perú - country in the northwest region of South America
pista - track
pizza - pizza
pizzería - pizzeria
plan(es) - plan(s)
planta - plant
playa - beach
poco - a little
podemos - we can
pollo - chicken
pone - s/he puts, places
ponía - s/he put
puso - s/he put
pop - pop (as in music)
popular - popular
por - for
porque - because
practica - s/he practices
practicaba - s/he practiced
práctica - practice

practicamos - we practice
practican - they practice
practicando - practicing
practicar - to practice
precio(s) - price(s)
pregunta - s/he asks
pregunté - I asked
preguntó - s/he asked
preocupados - worried
preparé - I prepared
preparó - s/he prepared
presenté - I presented
presento - I present
primavera - spring
primer(o)(a) - first
primos - cousins
privado(a) - private
problema(s) - problem(s)
profe - shortened form of "professor(a)"
profesional - professional
professor/a(es) - teacher(s)

prom - school dance/event
pueblo - town
puedes - you can
puerta - door
puertorriqueñas - Puerto Rican
pues - then, well

Q
que - that
qué - what
Quechua - a group of indigenous peoples in the Central Andes and their languages
quería - I, s/he wanted
queríamos - we wanted
quién - who
quieres - you want
quiero - I want

R
radio - radio
rápido - fast
raro - rare, strange
razón - reason
real - real
recibí - I received

regalo - present
relación - relationship
(de) repente - suddenly
respondí - I responded
respondió - s/he responded
restaurante - restaurant
ricas - delicious
río - river
rizado - curly
robaron - they stole
robar - to steal
rock - rock (as in music)
rojo - red
ropa - clothes
rosado - pink
rubio - blond

S
sábado(s) - Saturday(s)
sacar - to take out
sale - s/he leaves, goes out
salimos - we left
salir - to leave, go out
salón - large room

salteñas - a Bolivian baked empanada filled with pork, beef, chicken in a sweet and spicy sauce, and peas and potatoes.
saludé - I greet
sé - I know
sección - section
seis - six
semana(s) - week(s)
seño - nickname for teacher
señor - sir, mister
ser - to be
si - if
sí - yes
siempre - always
(lo) siento - I'm sorry
similar - similar
simpático(a) - nice
situación - situation
Snapchat - messaging app
sobre - about
social(es) - social
(hacía) sol - it was sunny
solo - only
son - they are
sonrisa - smile

sopa - soup
sorprendida - surprised
soy - I am
Sr. - abbreviation for señor
Sra. - abbreviation for señora
Srta. - abbreviation for señorita
su - his, her, their
subimos - we got on
suerte - luck
supieron - they knew
su(s) - his, her, their

T

tallas - sizes
también - also
tampoco - either
tardó - it took (time)
tarde - afternoon, late
tarjeta de crédito - credit card
tecnología - technology
teléfono(s) - telephone(s)
teníamos - we had
tener - to have
tengo - I have

tenía - I, s/he had
teníamos - we had
tenían - they had
tenis - tennis
tercer - third
terminar - to finish
textearme - to text me
texteo - I text
texto - text
ti - you
tía - aunt
tiempo - time
tienda - store
tiene - s/he has
tienen - they have
tienes - you have
tíos - aunt and uncle
típica - typical
toco - here: I knock
toda(s) - all
todo(s) - all
toma - s/he takes
tomamos - we take
tomar - to take
tomé - I took
tomó - he took
totalmente - totally
trabajaba - s/he worked
trabajar - to work
trabajas - you work
trabajo - I work

tren - train
tres - three
triste - sad
tu(s) - your
tú - you

U
último - last
un(a) - a, an
unas - some
uniforme - uniform
universidad -
  university
uno - one
unos - some
uso - I use
ustedes - you
  (plural)

V
vacaciones -
  vacations
vamos - we go
vegetales -
  vegetables
veinte - twenty
venimos - we came
ventana - window
ver - to see
verano - summer
verdad - true
verde - green
verlo - to see it

vestido(s) -
  dress(es)
vez - time, instance
vi - I saw
vimos - we saw
viaje - trip
vida - life
(hacía) viento - it's
  windy
viernes - Friday
visitar - to visit
vivía - I, s/he lived
voluntaria -
  volunteer
voy - I am going

W
Westchester -
  county in New
  York northeast of
  NYC

Y
y - and
ya - already
yo - I

Z
zapatos de tenis -
  sneakers

Additional Student Artwork:

Thi Vinh Nguyen '25

Aidan Buck '25

Charlie Molten '25

ABOUT THE AUTHOR

Jennifer Degenhardt taught high school Spanish for over 20 years and now teaches at the college level. At the time she realized her own high school students, many of whom had learning challenges, acquired language best through stories, so she began to write ones that she thought would appeal to them. She has been writing ever since.

Other titles by Jen Degenhardt:

La chica nueva | La Nouvelle Fille | <u>The New Girl</u> | Das Neue Mädchen | La nuova ragazza
La chica nueva (the ancillary/workbook volume, Kindle book, audiobook)
Salida 8 | *Sortie no. 8*
Chuchotenango | *La terre des chiens errants*
Pesas | *Poids et haltères*
El jersey | <u>The Jersey</u> | *Le Maillot*

 @JenniferDegenh1

@jendegenhardt9

@puenteslanguage &
World LanguageTeaching Stories (group)

Visit www.puenteslanguage.com to sign up to receive information on new releases and other events.

Check out all titles as ebooks with audio on www.digilangua.co.

ABOUT THE COVER ARTISTS

Carolyn Nakawungu

Carolyn Nakawungu is an aspiring illustrator, who is currently attending Walnut Hill School for the Arts as a Visual Arts major. She enjoys collecting graphic novels and manga and watching anime in her spare time. When she isn't drawing, you can find her raving about desserts, different eras of history, or humanities astrological achievements.

You can contact her on her website: https://carolynnakawungu.wixsite.com/my-site-1/about-me

Teresa Whitfield

Teresa Whitfield is a young visual artist studying at Walnut Hill School for the Arts. Visit her Instagram, @t.art_stuff, for more of her work.

Made in the USA
Middletown, DE
23 January 2022

58410034R00050